My Little ABCs

illustrated by Steve Mack

I0902604

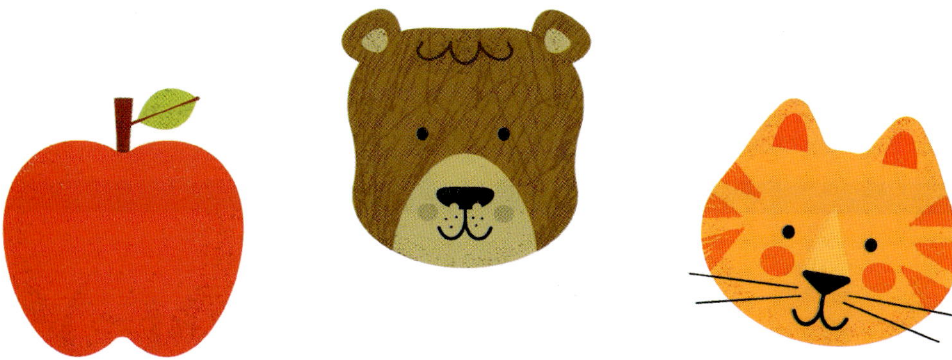

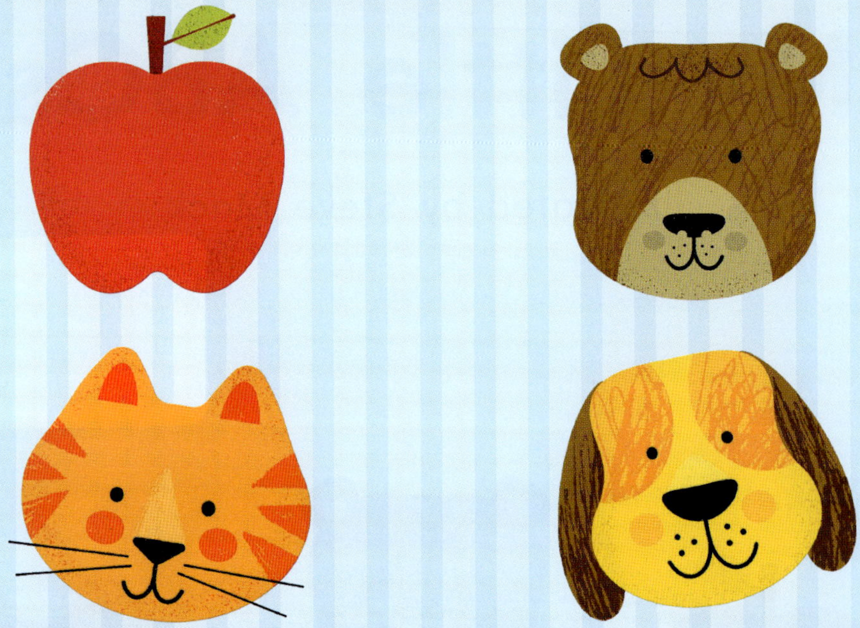

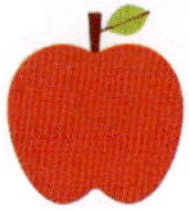

a

b

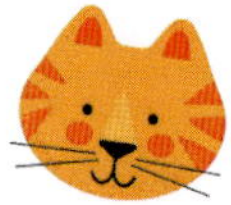

c

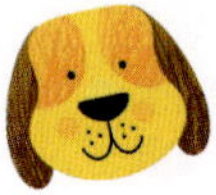

d

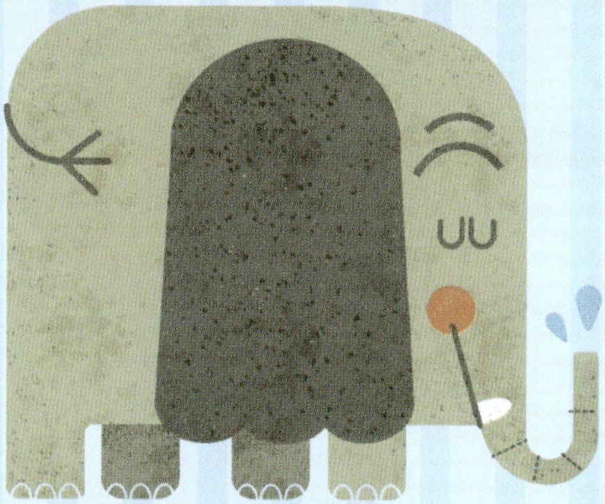

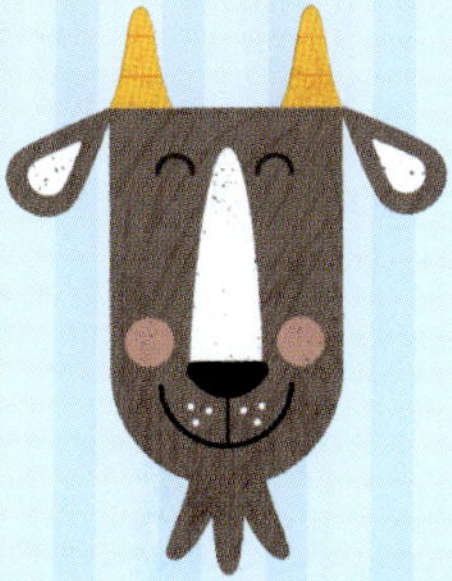

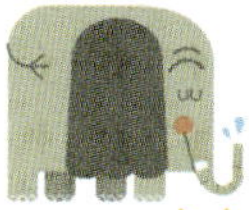

e

f

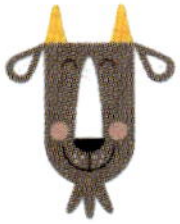

g

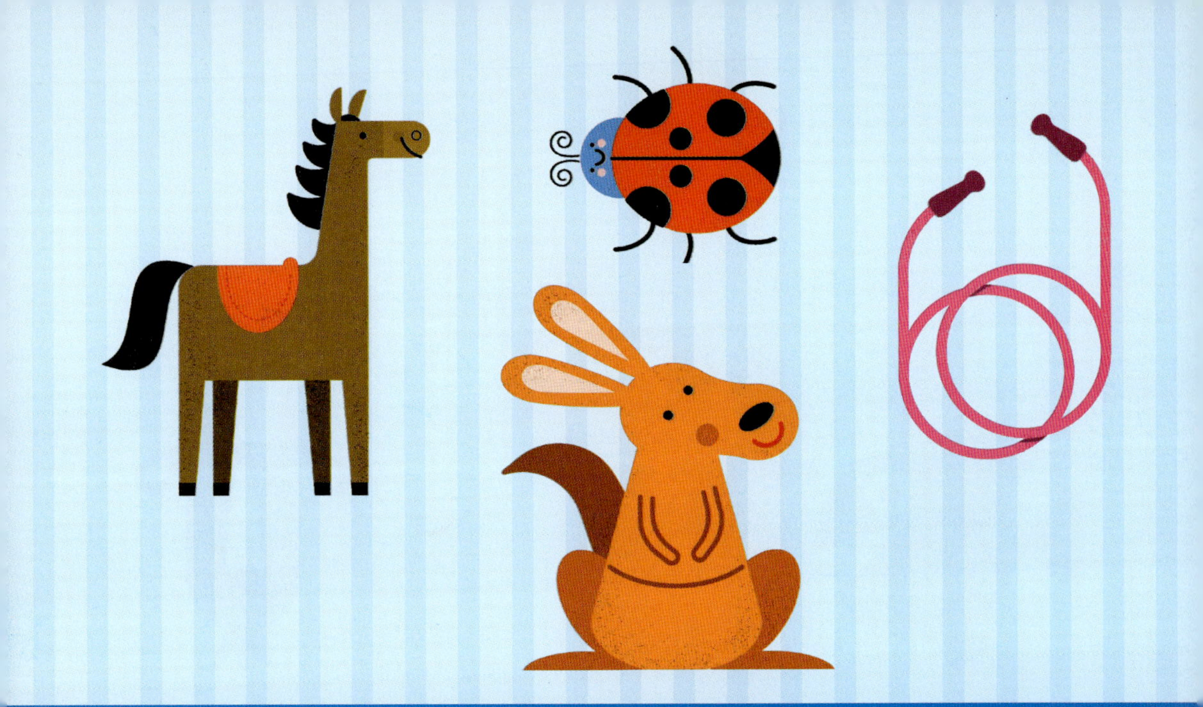

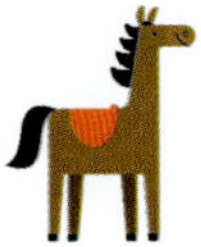 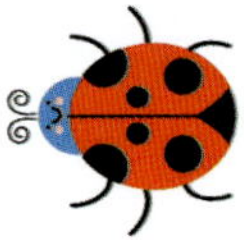 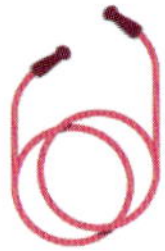 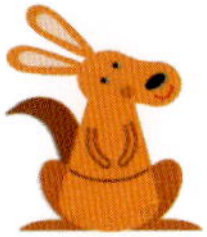

h i j k

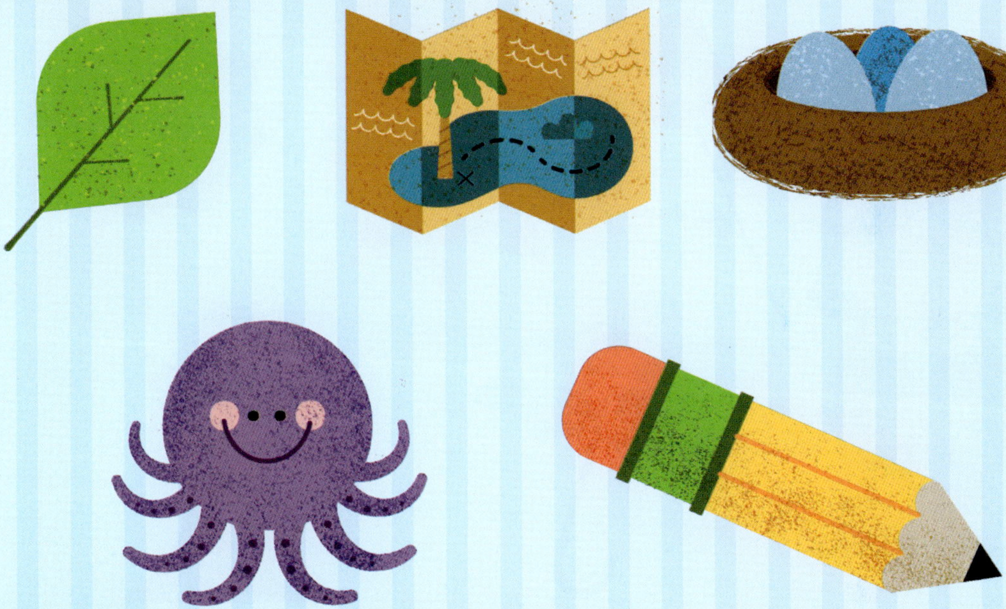

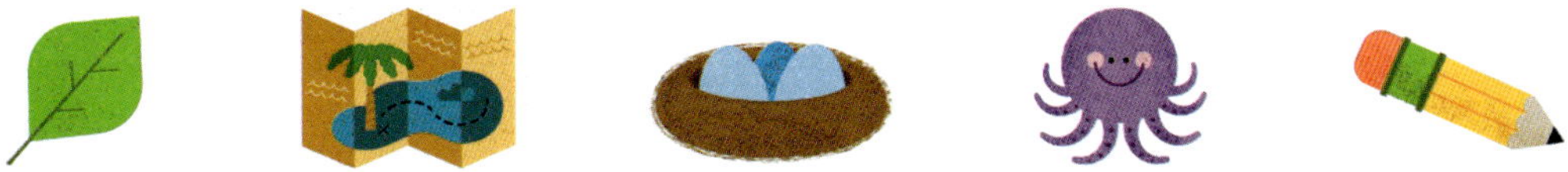

l m n o p

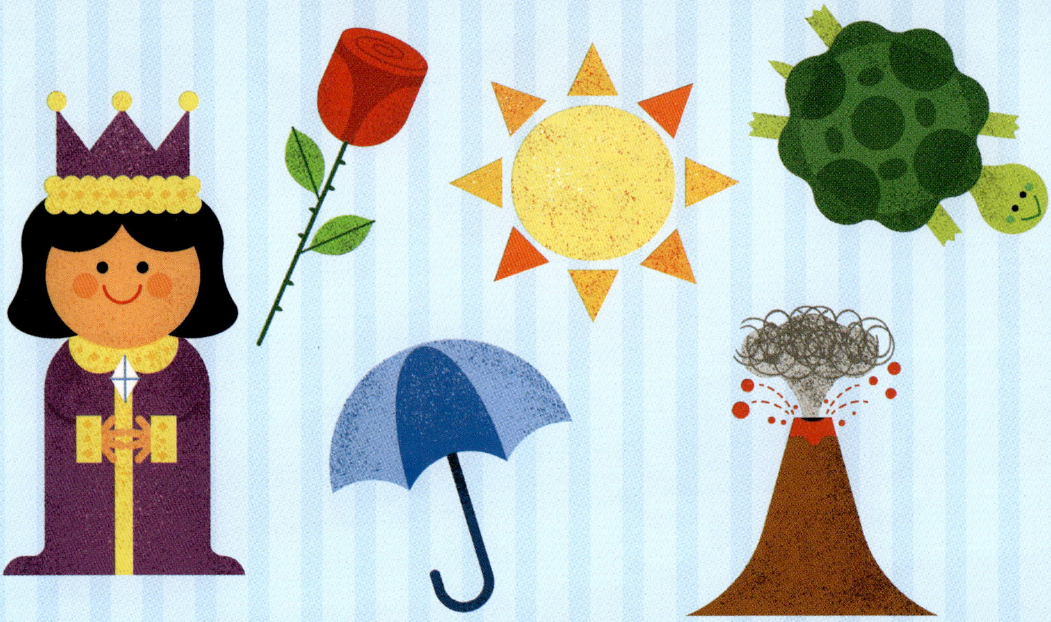

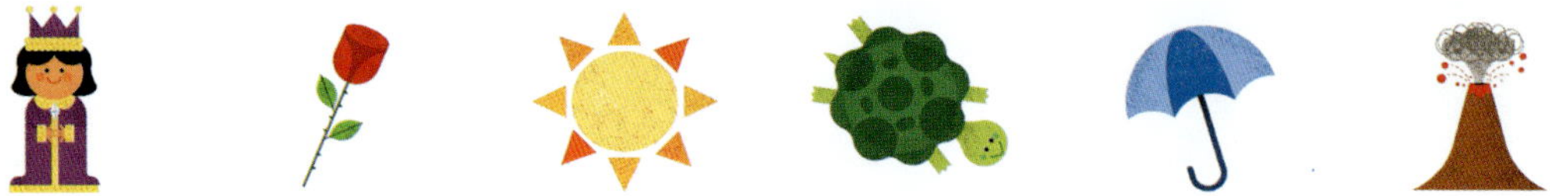

q r s t u v

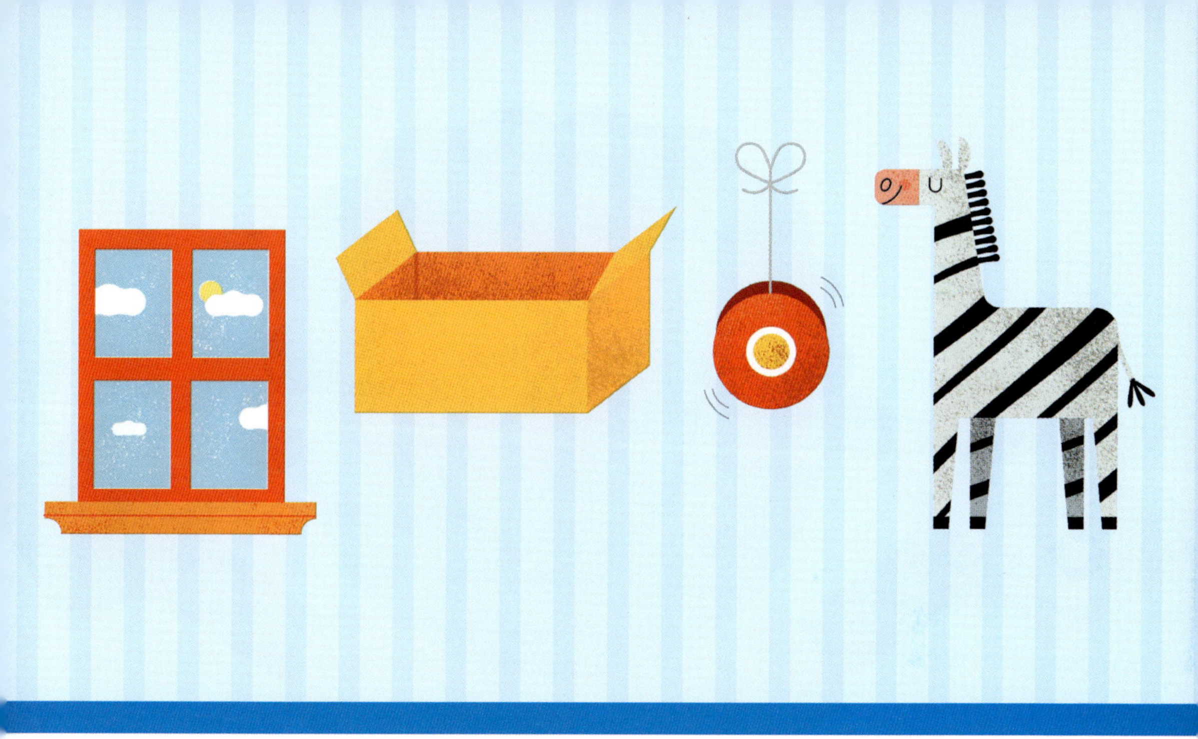

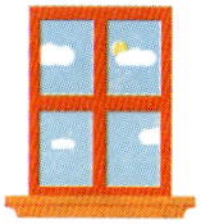

w

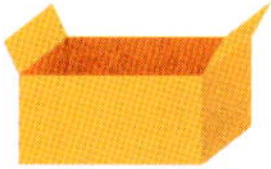

x

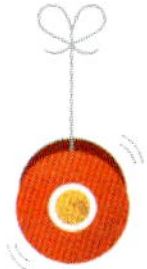

y

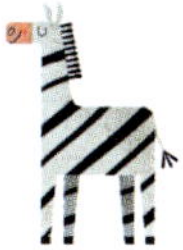

z

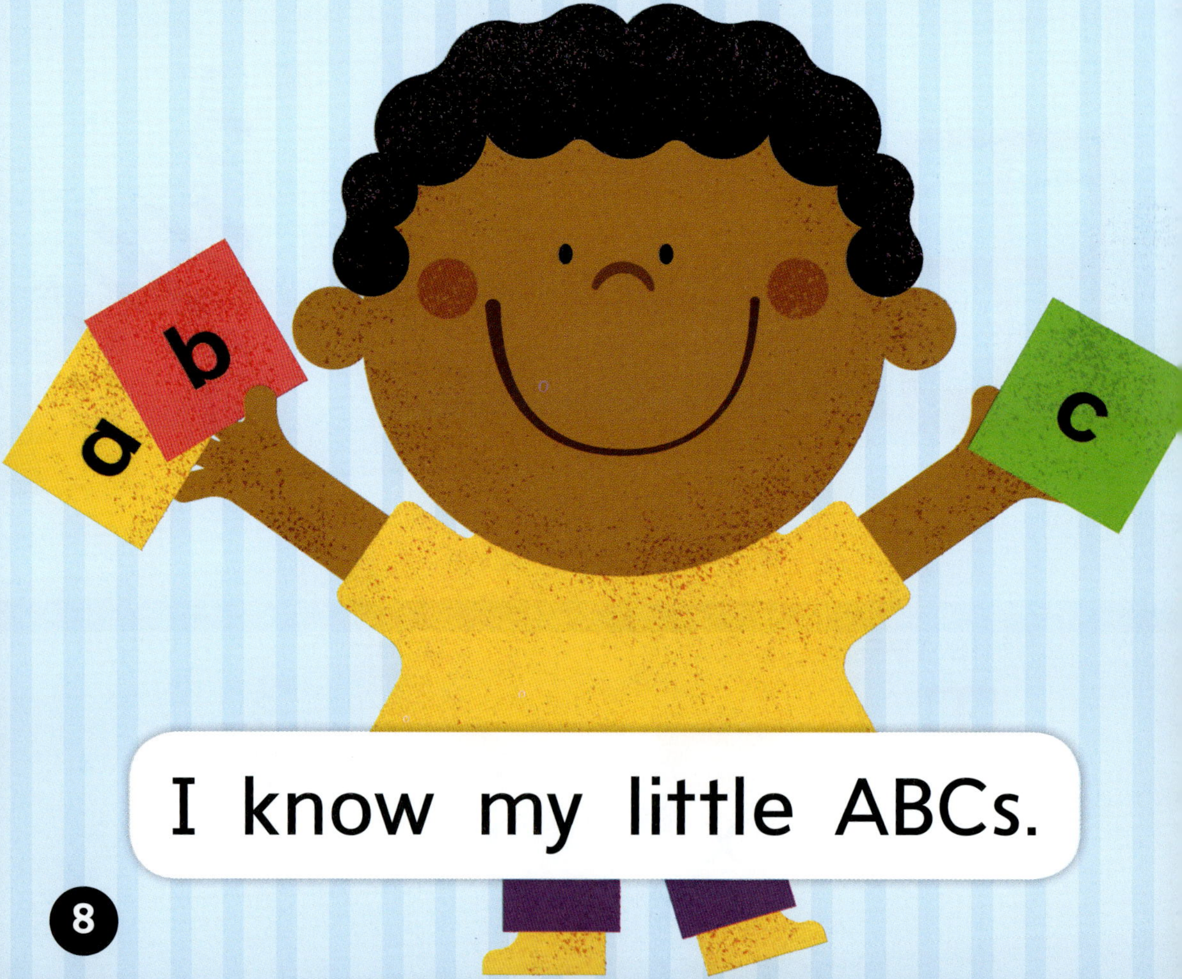

I know my little ABCs.